NAUTICAL LOG BOOK

Date	Time	Log	Course	Speed	Location

AWS	AWA	Baro	Comments

Date	Time	Log	Course	Speed	Location

AWS	AWA	Baro	Comments

Date	Time	Log	Course	Speed	Location

AWS	AWA	Baro	Comments

Date	Time	Log	Course	Speed	Location

AWS	AWA	Baro	Comments

Date	Time	Log	Course	Speed	Location

AWS	AWA	Baro	Comments

Date	Time	Log	Course	Speed	Location

AWS	AWA	Baro	Comments

Date	Time	Log	Course	Speed	Location

AWS	AWA	Baro	Comments

Date	Time	Log	Course	Speed	Location

AWS	AWA	Baro	Comments

Date	Time	Log	Course	Speed	Location

AWS	AWA	Baro	Comments

Date	Time	Log	Course	Speed	Location

AWS	AWA	Baro	Comments

Date	Time	Log	Course	Speed	Location

AWS	AWA	Baro	Comments

Date	Time	Log	Course	Speed	Location

AWS	AWA	Baro	Comments

Date	Time	Log	Course	Speed	Location

AWS	AWA	Baro	Comments

Date	Time	Log	Course	Speed	Location

AWS	AWA	Baro	Comments

Date	Time	Log	Course	Speed	Location

AWS	AWA	Baro	Comments

Date	Time	Log	Course	Speed	Location

AWS	AWA	Baro	Comments

Date	Time	Log	Course	Speed	Location

AWS	AWA	Baro	Comments

Date	Time	Log	Course	Speed	Location

AWS	AWA	Baro	Comments

Date	Time	Log	Course	Speed	Location

AWS	AWA	Baro	Comments

Date	Time	Log	Course	Speed	Location

AWS	AWA	Baro	Comments

Date	Time	Log	Course	Speed	Location

AWS	AWA	Baro	Comments

Date	Time	Log	Course	Speed	Location

AWS	AWA	Baro	Comments

Date	Time	Log	Course	Speed	Location

AWS	AWA	Baro	Comments

Date	Time	Log	Course	Speed	Location

AWS	AWA	Baro	Comments

www.ingramcontent.com/pod-product-compliance
Lightning Source LLC
LaVergne TN
LVHW082301150826
845677LV00009B/1685

* 9 7 9 8 8 6 9 4 5 5 3 7 6 *